LE PLAY

ET

SON ŒUVRE DE RÉFORME SOCIALE

PAR

M. Edmond DEMOLINS

RÉDACTEUR EN CHEF DE « LA RÉFORME SOCIALE »

Prix : 50 centimes

PARIS

AUX BUREAUX DE LA RÉFORME SOCIALE

35, RUE DE GRENELLE, 35

—

1882

Revue paraissant le 1ᵉʳ et le 15 de chaque mois

LA RÉFORME SOCIALE

PUBLIÉE PAR UN GROUPE D'ÉCONOMISTES

avec le concours de

LA SOCIÉTÉ D'ÉCONOMIE SOCIALE, DE LA SOCIÉTÉ BIBLIOGRAPHIQUE

DES UNIONS DE LA PAIX SOCIALE

et fondée par

F. LE PLAY

Rédacteur en chef : M. Edmond DEMOLINS

La *Réforme sociale* convient à **toutes les catégories de lecteurs**.

Les **manufacturiers**, les **ingénieurs**, les **commerçants** y liront les moyens les plus propres à conjurer les chômages et les grèves, à assurer la stabilité et la sécurité à leurs ouvriers ; les **propriétaires ruraux** y verront comment ils peuvent reprendre la direction des campagnes, qui échappent de plus en plus à eur influence ; les **hommes de science**, habitués aux procédés rigoureux de la méthode d'observation, y trouveront cette même rigueur scientifique appliquée à la solution des problèmes sociaux; les **membres du clergé et les hommes dévoués aux intérêts populaires** y seront tenus au courant de tout ce qui se fait en France et à l'Etranger pour améliorer la condition morale et matérielle des populations; les **hommes de gouvernement**, les **fonctionnaires**, les **administrateurs** y trouveront, avec l'indication des véritables attributions de l'Etat, les fortes traditions sociales qui se sont conservées ailleurs et que nous avons trop oubliées ; les **femmes** elles-mêmes y apprendront le rôle important qui leur incombe dans l'œuvre de la réforme, au sein de la famille réorganisée ; enfin **chacun** y verra la part considérable que les peuples libres réservent à la religion, à l'activité individuelle, à l'autorité paternelle, à l'initiative locale ; **tous**, en un mot, y trouveront la solution du problème qui se pose devant nous sous cette expression grosse de menaces : **La question sociale**.

PRIX DE L'ABONNEMENT :

FRANCE : Un an 15 fr. ; Six mois 8 fr. | EUROPE : Un an 18 fr. ; Six mois 10 fr.

Hors d'Europe : le port en sus

Les abonnements partent du 1ᵉʳ de chaque mois.

Bureaux de la Revue : Rue de Grenelle, 35, Paris.

LE PLAY

ET

SON ŒUVRE DE RÉFORME SOCIALE

PAR

M. Edmond DEMOLINS

RÉDACTEUR EN CHEF DE « LA RÉFORME SOCIALE »

> Il s'informait avec soin de la valeur des terres et de
> ce qu'elles rapportaient, de la manière de les cultiver,
> des facultés des paysans, de ce qui faisait leur nourriture
> ordinaire, de ce que pouvait leur valoir en un jour le
> travail de leurs mains ; détails abjects et méprisables en
> apparence, et qui appartiennent cependant au grand art
> de gouverner. (Fontenelle, *Eloge de Vauban*.)

PARIS

AUX BUREAUX DE LA RÉFORME SOCIALE

35, RUE DE GRENELLE, 35

—

1882

LE PLAY

ET

SON ŒUVRE DE RÉFORME SOCIALE

I

Frédéric Le Play naquit, en 1806, au village de la Rivière près d'Honfleur, sur cette terre de Normandie féconde en caractères pratiques et tenaces. Fils d'un officier de douane qui devait son aisance à sa position, il comprit bientôt qu'il ne pouvait compter que sur lui seul pour assurer son avenir.

Cette nécessité impérieuse, stimulée par un ardent désir de réussir, développa dans cette nature énergique, une force de volonté et une puissance de travail, dont nous aurons à constater les féconds résultats.

Les premiers spectacles auxquels assista le jeune Frédéric furent la détresse des pêcheurs côtiers, dont l'industrie était anéantie par la flotte anglaise qui bloquait cette région, et la misère du clergé des campagnes. Ces impressions de la jeunesse devaient revenir à son esprit, lorsque, plus tard, il décrivit des familles de pêcheurs, et quand il eut à définir le rôle et la situation du prêtre dans une société.

Voici le touchant et triste exemple qu'il rapporte à ce sujet. « Le prêtre qui compléta en 1816 mon instruction religieuse, dit-il, et dont la cendre repose aujourd'hui dans le tombeau de ma famille, avait été curé dans un village de cette contrée. Possédant une petite fortune personnelle, il pouvait assez bien réparer, par l'usage de la viande, ses forces épuisées par un service pénible de jour et de nuit. Il partageait même, autant que possible, sa modeste pitance avec ses confrères du voisinage, qui ne vivaient guère que de pain et de légumes. L'un de ces derniers avait, tout au plus une fois par quinzaine, le pot-au-feu au presbytère. Ce régal était procuré au pauvre prêtre et au jeune garçon qui sonnait la cloche et servait la messe, par le travail de la vieille servante. Toutefois les forces du ménage n'étaient restaurées par cet heureux événement que dans le cas où la bonne femme réussissait à obtenir au marché voisin un bon prix du lot de fil qu'elle venait de fabriquer. Le jour où se traitait cette grande affaire, le bon curé, accompagné de son serviteur, dirigeait sa promenade sur la route par laquelle les gens du village revenaient du marché. Il était convenu que, s'il y avait succès, la servante l'annoncerait de loin, en plaçant un rameau vert sur le panier qui lui servait à emporter le fil et à rapporter, avec la provision de nourriture, la filasse qu'elle devait élaborer pendant la quinzaine. Quand le rameau vert se détachait sur l'horizon, au haut de la côte abrupte qui dominait le village, les deux promeneurs allaient joyeusement au-devant de la vaillante femme, pour la féliciter; mais, quand le rameau vert ne se montrait pas, le curé faisait brusquement volte-face; puis il disait gaiement à son assistant : « Allons, François, encore des haricots ! »

Arrivé à l'âge où l'on doit se décider dans le choix d'une carrière, le jeune Le Play, sur les conseils d'un ami de collège qui se prépa-rait à l'Ecole polytechnique, se décida à tenter également cette épreuve difficile. Il y réussit pleinement et fut admis le second. Quand il en sortit, à la fin de l'année 1827, ce fut pour entrer à l'Ecole des mines avec le numéro 1. « J'échappais enfin, écrit-il à l'occasion de son admission à cette école, à la servitude du casernement et des salles d'études, qui depuis deux ans paralysait mes facultés. Mon travail, redevenu libre, reprit sa fécondité. Mes récréations, subordon-nées à des devoirs attrayants, acquirent un charme extraordinaire dans la compagnie habituelle de mon ami Jean Reynaud. Celui-ci com-mençait à se passionner pour les idées saint-simoniennes. Il était poussé dans cette voie par ses entretiens fréquents avec Pierre Leroux, et par les aspirations patriotiques qui nous étaient communes. J'opposai tout d'abord à ses idées préconçues les opinions que j'avais puisées dans ma première éducation. Ces discussions continuelles, sans diminuer le dissentiment qui existait entre nous, nous donnèrent le désir d'une association qui pût nous conduire à la vérité. »

L'heureuse intervention du directeur général des Ponts et chaussées et des Mines, M. Becquez, vint faciliter ce projet. Ayant entendu parler des brillantes études du jeune Le Play, il lui écrivit : « Mon-sieur, le conseil de l'Ecole royale des mines m'a donné connaissance des succès infiniment remarquables que vous avez obtenus dans le dernier concours. Il m'annonce que, bien que vous n'ayez que deux années d'études, vous vous trouvez en tête de la liste des élèves et que vous avez acquis en points de mérite 5797, nombre auquel, de-puis la fondation de l'école, n'a jamais atteint aucun élève, même de quatrième année... je me plais à vous en féliciter, monsieur, et à vous exprimer toute ma satisfaction. » M. Becquez ne s'en tint pas là; à plusieurs reprises il l'admit à sa table et lui fit raconter ses projets d'avenir. « Il sourit d'abord, raconte Le Play, de la confiance avec la-quelle nous prétendions compléter, dans notre prochain voyage d'école, l'apprentissage de notre métier par des recherches sur la richesse des nations. Cependant il ne se montra point incrédule, et prit même di-verses mesures pour assurer le succès de notre voyage. »

Lorsque l'idée de mener de front les études métallurgiques et les études sociales fut une fois entrée dans l'esprit de Le Play, elle s'y enracina. J'ai dit qu'il était tenace, je dois ajouter qu'il était positif et exigeant avec lui-même. Habitué par ses études professionnelles à la rigueur des calculs mathématiques et des observations scientifiques, il se refusait à accepter, comme beaucoup de ses condisciples, les systèmes théoriques et *à priori* des diverses écoles sociales. Il doit y avoir, pensait-il, un criterium qui permette de reconnaître, avec toute l'évidence scientifique, les causes qui font la prospérité ou la décadence des sociétés. Ce criterium ne saurait être dans des inventions théoriques et arbitraires, mais dans les faits sociaux méthodiquement observés. En effet, puisqu'il existe des lois pour la société des fourmis et des abeilles, il doit en exister pour la société des hommes qui est plus haute et plus parfaite, et ces lois ne sauraient varier avec les pays et avec les époques ; elles doivent être immuables et on doit les reconnaître à ce signe qu'elles enfantent toujours la paix et la stabilité. Il s'agit donc, non de se retirer dans son cabinet, comme Rousseau, pour y disserter doctoralement sur les constitutions des peuples, mais de parcourir le monde pour y recueillir des faits, beaucoup de faits, qui, ensuite coordonnés, devront livrer le secret des sociétés humaines, et les lois fondamentales que les peuples ne peuvent enfreindre, sans tomber en décadence et en décomposition.

L'idée génératrice de la méthode était trouvée ; c'était celle que des milliers de savants appliquaient depuis longtemps à l'étude de la chimie, de la physique et des diverses sciences d'observation. La difficulté était de la plier à l'étude des faits sociaux, si variés, si complexes, qu'ils semblent presque se dérober à toute analyse scientifique et à toute observation méthodique.

Aussi est-ce dans cette mise en œuvre que devait éclater l'incomparable puissance de classification et la rigoureuse méthode du jeune savant. Mais, avant d'indiquer le cadre définitif dans lequel chacun des faits observés devait venir s'enregistrer, en se traduisant sous une forme vivante et pour ainsi dire palpable, je dois faire connaître au lecteur les tâtonnements et les hésitations qui marquèrent les premiers pas et les premières tentatives dans cette voie non encore frayée.

II

Ce fut au mois de mai 1829, que nos deux élèves de l'Ecole des mines entreprirent le voyage projeté. L'Allemagne du Nord en fut le théâtre. En ce qui concerne la science sociale, ils observèrent particulièrement les mineurs, les fondeurs, les bûcherons, les charbonniers et les charretiers des montagnes du Hartz, les populations rurales de la plaine saxonne qui s'étend au bas de ces montagnes, les pêcheurs côtiers du Hanovre, du Oldenbourg, des Pays-Bas, enfin les populations manufacturières de la Westphalie, de la Belgique et du bassin rhénan.

« En poursuivant ces études, dit Le Play, nous n'avions pas encore l'esprit assez formé pour remonter des faits aux principes et nous élever à la hauteur de la science; mais nous nous assurions le moyen de l'acquérir plus tard, car nous apprenions l'art des voyages. Nous nous mîmes d'accord, Jean Reynaud et moi, sur certaines opinions économiques conformes à l'évidence des faits, qui nous furent enseignées par des administrateurs habiles. M. Alberts, par exemple, le directeur général des mines du Hartz, nous enseigna que les procédés techniques des mines n'étaient qu'un détail secondaire de ses fonctions et que sa tâche principale était de veiller au bien-être des populations. Cet enseignement ne porta point d'abord tous ses fruits, mais je devais me le rappeler plus tard. Nous reconnûmes cependant l'excellence des grandes corporations instituées dans les Etats allemands pour l'exploitation des mines métalliques. Cependant, nous ne réussîmes point à nous entendre avec Jean Reynaud sur la « question sociale »; seulement, nous comprîmes qu'elle était beaucoup plus compliquée que nous ne l'avions d'abord supposé. Je m'affermis dans la pensée que la solution se trouverait en grande partie dans les coutumes du passé. Mon ami, au contraire, conserva ses convictions sur la doctrine du progrès continu. En résumé, nous revînmes à la fois plus divisés d'opinion et meilleurs amis que jamais. »

On le voit, Le Play n'avait trouvé dans ce premier voyage ni les lois qui président à la prospérité et à la décadence des sociétés humaines, ni même la méthode qui devait l'y conduire. Cependant il en rapportait, outre un grand nombre de faits, une idée dès lors bien évidente pour lui et qui devait être bientôt pleine de révélations, à savoir qu'en science sociale « il n'y a rien à inventer », mais seulement à observer les peuples qui ont conservé la paix et la stabilité. Il comprit cependant que pour poursuivre une pareille enquête avec quelque chance de succès, il devait d'abord se débarrasser de tous les préjugés que son éducation et le milieu dans lequel il vivait avaient pu déposer dans son esprit, afin d'accepter toutes les vérités qui lui seraient révélées par l'observation, quand même elles contrediraient ses croyances les plus chères.

C'est dans cette situation d'esprit qu'il entreprit de 1832 à 1840, huit voyages successifs dans le centre et le midi de l'Espagne, en Biscaye et en Catalogne, en Belgique, en Angleterre, dans la Russie méridionale, en Italie, dans le nord, puis dans le midi de la France.

Il retrouva en Espagne certains traits excellents de constitution sociale, avec quelques symptômes de désorganisation qui se manifestaient principalement dans les assemblées politiques de la péninsule où venaient de pénétrer les idées de 1789. La désunion se montrait dans les villes et même dans certains groupes ruraux. En Biscaye et en Catalogne au contraire, il rencontra les signes les plus évidents de paix sociale et de prospérité ; nobles, paysans et bordiers étaient partout étroitement unis; une sorte de familiarité affectueuse régnait même entre les diverses classes et contribuait à y entretenir les meilleurs rapports.

L'Angleterre produisit sur lui une profonde impression. « Un supplément de lumière, écrit-il, parvint à mon esprit dès que j'eus débarqué sur le sol anglais. J'éprouvai un étonnement subit, puis une émotion profonde en voyant que les familles avec lesquelles je contractai tout d'abord des rapports intimes prenaient pour guides, dans leurs actions les plus usuelles, le respect de Dieu et l'obéissance au Décalogue. Pendant le premier mois de voyage, je vécus dans l'intimité d'une riche et nombreuse famille de Londres, chez laquelle je fus admis sur la garantie de moralité donnée à mon sujet par une haute référence. Mes hôtes s'abstenaient le dimanche de toutes les dictractions considérées en France comme innocentes... Ils montraient une entière confiance dans la loyauté d'un homme qui leur avait été présenté comme *gentleman*. J'avais une liberté complète dans mes entretiens avec les trois jeunes filles de la maison ; et l'une d'elles, mandée à Edimbourg par un parent dont elle était l'héritière, fut confiée à mes soins au moment où je partais en *stage-coach* pour cette ville.

« Une autre circonstance fut pour moi un sujet d'étonnement : assistant à plusieurs conférences faites par les professeurs Conybeare et Bukland sur la formation de la terre, je remarquai que ces deux savants géologues saisissaient toujours l'occasion de rendre hommage à la puissance et à la bonté du Créateur. »

Il constata les mêmes marques de respect envers l'autorité paternelle et les pouvoirs publics. A ce sujet, il rapporte une anecdote caractéristique.

« Voulant étudier à fond un procédé curieux de la métallurgie anglaise, dit-il, nous avions gagné la bienveillance d'un ouvrier renommé devenu contre-maître, et nous l'avions invité à partager notre dîner. Remarquant que notre convive était devenu soucieux à la suite du premier repas, nous nous rappelâmes que nous n'avions pas bu à sa santé suivant la coutume locale. Au second repas, nous remplîmes cette formalité. Toutefois notre homme resta impassible ; et nous regardant le verre à la main, il dit d'un ton solennel : *the queen*, ce qui signifiait « à la santé de la reine ». Nous comprîmes

enfin la pensée de notre maître fondeur : c'était à nous, étrangers, de
faire honneur à la vieille Angleterre, en portant le toast à Sa Majesté ;
et, au troisième repas, nous fîmes notre devoir. A partir de ce moment, le brave homme s'abandonna sans réserve a une gaieté décente.
Ce modeste ouvrier se nommait Steel. J'en conserve le souvenir avec
reconnaissance, parce qu'il m'a enseigné, mieux que les livres clas-
siques, une des principales forces morales de la constitution anglaise.»

Mais à côté de ces éléments de prospérité et de paix sociale, Le
Play put observer en Angleterre certaines défaillances : la destruction
d'un grand nombre de communautés rurales et de petites propriétés
individuelles ; l'abandon des coutumes du patronage par beaucoup
de riches propriétaires fonciers et de grands industriels. En consta-
tant que les populations soumises à ces nouvelles pratiques perdaient
aussitôt la paix et la stabilité, il reconnut qu'elles étaient mauvaises
et s'empressa de le consigner dans ses notes.

Le voyage de 1837 fut consacré à la Russie. « Il me révéla plus
encore que les précédents les éléments de la science sociale, dit Le
Play. Il me mit en rapports continus avec des populations ouvrières
dont la condition était présentée sous un faux jour par les littératures
de l'Occident. Mes premières impressions à la vue du servage contre-
dirent complètement mes idées préconçues ; et par cela même je
restai longtemps en défiance de moi-même. Les populations se montraient contentes de leur sort. Elles étaient soumises à la loi morale,
comme au souverain et aux seigneurs, par un enseignement religieux
qui perpétuait des croyances énergiques. Grâce à l'abondance des
productions spontanées, elles avaient d'amples moyens de subsis-
tance. Comme en Espagne, une familiarité respectueuse chez l'ouvrier, bienveillante chez le maître, unissait les deux classes. La vue
des églises fut pour moi la meilleure démonstration de l'esprit d'éga-
lité qui régnait dans la constitution sociale de la Russie : même dans
les églises bâties par un seigneur, celui-ci se tenait debout avec sa
famille, mêlé aux familles des paysans, et il restait près de la porte
quand il arrivait le dernier. Dès ce premier voyage, j'aperçus claire-
ment que la dépendance réciproque des propriétaires fonciers et des
paysans était la force de la Russie. L'esprit de patronage était, au
fond, le principe de la constitution sociale. Ce même voyage de 1837
me familiarisa avec la vie des steppes, m'initia aux idées des pasteurs
qui ont laissé une trace profonde dans le passé de l'Europe et de
l'Asie. Quand ma pensée eut été fortifiée par de nouveaux voyages en
Angleterre, dans la plaine saxonne et dans les Etats scandinaves, *la
méthode des monographies* m'apparut avec toute sa fécondité. »

Ce fut donc le résultat de ces huit années de voyages de lui livrer
enfin cette méthode rigoureuse qui allait lui permettre de faire en

quelque sorte l'autopsie du corps social, de classer les faits observés dans un ordre scientifique, et d'en induire les conséquences avec une évidence capable d'entrainer la conviction de tout esprit désireux d'arriver à la vérité.

III

Le Play trouva la révélation de la méthode des monographies dans un fait que mirent en évidence ses diverses observations, à savoir que *la vraie constitution d'un peuple est dans les idées, les mœurs et les institutions de la vie privée plus que dans les lois écrites; la vie privée imprimant son caractère à la vie publique ; la famille étant le principe de l'État.*

Dès lors, la manière de procéder était tout naturellement indiquée. Il s'agissait d'observer, dans les moindres détails, un certain nombre de familles, pour y découvrir, dans leur source la plus profonde, les causes de force ou de faiblesse, de prospérité ou de décadence des nations. Ainsi limité à la famille, le travail d'observation qui aurait été vague, indéfini et sans conclusions possibles, s'il s'était étendu, soit à des individus isolés, soit à l'ensemble des faits sociaux, devenait précis et concluant.

« Cependant, dit-il, les conséquences de cette conception première en s'offrirent pas d'abord à mon esprit avec toute leur évidence ; aujourd'hui même, bien que l'enseignement de la méthode d'observation soit régulièrement institué, bien que des résultats nombreux soient mis sous les yeux des élèves, ceux-ci ont encore quelque peine à comprendre comment la connaissance complète d'une localité étendue peut être donnée par l'étude d'un nombre très limité de familles ouvrières. Mais, en fait, tous ces doutes sont promptement levés par la seule pratique des monographies. »

Nous n'avons pas l'intention d'exposer le cadre si complet et le mécanisme de la monographie de famille. Notre ami, Urbain Guérin, a fait, dans la Revue *la Réforme sociale*, cette exposition. Il nous suffit donc de renvoyer le lecteur à ses articles (1) et à la collection des *Ouvriers Européens* et des *Ouvriers des deux Mondes.*

Lorsque Le Play se vit enfin en possession du puissant instrument d'observation et de classification que lui offrait la monographie, il voulut en faire l'application, en vérifiant, en complétant et en classant dans ce cadre les faits recueillis depuis 1829. Avec une admirable constance qu'aucune difficulté ne rebutait, il reprit son bâton de voyageur et parcourut de nouveau l'Europe et une partie de l'Asie. Il visita ainsi jusqu'en 1853, une fois le Danemark, une fois la Suède et la Norwège, trois fois la Russie, six fois l'Angleterre, deux

(1) Livraisons des 1er et 15 juillet, 1er et 15 oct., 1er nov., 1er et 15 déc. 1881.

fois l'Espagne, trois fois l'Italie, une fois la Moravie, la Hongrie, la Turquie d'Europe, la Carinthie, le Tyrol, cinq ou six fois l'Allemagne, deux fois l'Asie occidentale.

« Pendant l'été, dit-il, je complétais, à la vue des localités et des familles précédemment visitées, l'étude des populations européennes. Pendant l'hiver, je coordonnais tous les matériaux de ma dernière récolte. »

Il observa de la sorte plus de trois cents familles d'où il tira bientôt les monographies qui forment la 1re édition des *Ouvriers européens.* Pressé par ses amis de résumer, sous une forme moins scientifique, le résultat de ses travaux et d'en tirer les conséquences pratiques, il publia successivement : la *Réforme sociale, l'Organisation de la famille, l'Organisation du travail, la Constitution de l'Angleterre* ; il réédita, sous une forme nouvelle, *les Ouvriers européens*, et publia enfin *la Constitution essentielle de l'humanité* qui contient, en quelque sorte, la systématisation de toute son œuvre.

Lorsqu'il eut ainsi appliqué la méthode des monographies à un grand nombre de familles, le problème social, qui lui avait paru fort compliqué au début de ses voyages, lui sembla fort simple, et il s'étonna même de ne l'avoir pas aperçu immédiatement. Il lui était démontré que les peuples doivent pourvoir à deux besoins essentiels, primordiaux, dont la satisfaction est pour eux d'une absolue nécessité : *l'enseignement de la loi morale*, qui réprime chez l'individu la tendance vers le mal, et la *possession du pain quotidien* qui permet de satisfaire aux nécessités de l'existence. Les sociétés qui remplissent ces conditions sont heureuses et prospères, celles qui ne les remplissent pas sont souffrantes et malheureuses.

Il ne tarda pas à observer ensuite que ces deux besoins étaient satisfaits par une série d'institutions uniformes, fonctionnant toujours chez les peuples prospères et plus ou moins altérées chez les peuples souffrants. Il désigna ces institutions, sous le nom collectif de *constitution essentielle*, pour indiquer qu'il n'y a pas de société possible sans elles, et les divisa en trois groupes sous les noms originaux, mais significatifs, de *fondements, ciments,* et *matériaux* de l'édifice social.

Les deux *fondements*, ainsi nommés, parce qu'ils forment la base et pour ainsi dire la substruction de l'édifice entier, sont le *Décalogue* et l'*Autorité paternelle* : le *Décalogue* qui complète la nature imparfaite de l'homme, en réglant l'usage du libre arbitre ; l'*autorité paternelle*, qui impose aux jeunes générations la pratique de cette loi morale et remplit toutes les fonctions du pouvoir domestique.

Ébranlez l'un ou l'autre de ces fondements, et vous verrez aussitôt apparaître tous les symptômes de la souffrance, puis de la décomposition sociale.

Ces deux institutions fondamentales sont, à leur tour, fixées et protégées par deux autres institutions complémentaires qui remplissent en quelque sorte le rôle de *ciments*, ce sont le *Clergé* et la *Souveraineté*; le clergé ayant pour mission d'enseigner le Décalogue et la religion; la souveraineté, spécialement chargée de compléter, dans l'ordre public, l'autorité paternelle, dont elle n'est que la mandataire.

Mais ces divers éléments concourent seulement au maintien de l'ordre moral et de l'ordre matériel, ils ne satisfont point au second besoin de l'homme, la *possession du pain quotidien*. C'est là le rôle de ces institutions que Le Play a appelées les *matériaux* de l'édifice social. Ces matériaux sont la *communauté*, la *propriété individuelle* et le *patronage*.

Chez certains peuples, comme les pasteurs nomades de l'Oural, de la Caspienne, du Volga inférieur et du Don, et chez les agriculteurs des régions orientales de la Russie, le principe de la communauté du sol, des habitations et des troupeaux prévaut généralement. Les vieillards, chefs de famille, ont pour mission de gouverner les jeunes ménages, de répartir judicieusement les travaux et les produits, de réprimer la paresse et d'empêcher les consommations imprudentes. Ce régime patriarcal assure une égale somme de bien-être à tous les membres de la famille; il empêche les individus vicieux, ou moins bien doués, de tomber dans la misère et garantit ainsi à chacun la *possession du pain quotidien*.

Mais il présente certains inconvénients. Les membres éminents de la communauté supportent plus que les autres les fatigues du travail et les privations de l'épargne, tandis que, dans le partage de la richesse accumulée, ils ne sont pas mieux traités que les moins sobres et les plus indolents. Ils sont donc naturellement portés à se soustraire aux charges que la tradition leur impose et à désirer le régime de la *propriété individuelle*.

Cette transformation s'accomplit au grand avantage de la société, lorsque la frugalité et les habitudes laborieuses sont suffisamment développées. Dans ce cas, les stimulants de l'intérêt privé donnent un nouvel essor à l'activité et à la fortune individuelles. En même temps, la propriété devient plus féconde, à mesure que le propriétaire est plus maître d'en jouir à son gré et de la transmettre sans immixtion de l'autorité publique.

Mais si les mœurs se relâchent; si, pour une cause ou pour une autre, l'activité au travail diminue, aussitôt la misère qui était conjurée par la communauté, devient, avec la propriété individuelle, le lot fatal des vicieux, des malades, ou des imprévoyants.

Heureusement, cette triste conséquence de la *propriété individuelle* est conjurée par la dernière des trois institutions: le *patronage*.

Le trait essentiel du patronage est d'attacher plus ou moins étroitement un certain nombre de familles pauvres à une famille riche qui leur assure, avec la protection et le travail, « le pain quotidien. »

Le patronage peut revêtir les formes les plus diverses ; parfois il attache l'homme à l'homme ou à la terre par des liens très étroits, comme l'esclavage romain et le servage féodal ; parfois, il n'est qu'un prolongement de la famille, comme le *mundium* germanique ; ou une tutelle librement consentie, comme la *recommandation* franque et la *clientèle* romaine et gauloise. Enfin, il peut n'être qu'un lien, de fait, créé au moyen de la *permanence des engagements*, par un échange de devoirs et de services, par ce mutuel besoin qu'ont les hommes de trouver des auxiliaires ou des protecteurs.

Mais, quel que soit le nom qu'on lui donne, le patronage est une nécessité sociale, absolue pour tous les peuples qui ne peuvent plus assurer à tous leurs membres « la possession du pain quotidien ». S'ils manquent à cette loi, ils voient aussitôt apparaître et se développer dans leur sein la plaie hideuse du *paupérisme*.

Au siècle dernier, les économistes professèrent que le travail était une marchandise soumise, comme les autres, aux lois de l'offre et de la demande ; qu'en conséquence le salaire devait suivre toutes les fluctuations du marché ; que les patrons n'étaient liés à leurs ouvriers par aucun lien ; qu'ils pouvaient les engager ou les renvoyer, suivant que la demande affluait ou faisait défaut. Une pareille doctrine, proclamée sous le couvert de la liberté du travail, était la négation de l'éternelle loi du patronage ; elle ne tarda pas à produire ses fruits. Les patrons, heureux de limiter leurs dépenses dans les moments de chômage et d'accélérer la production dans les moments d'activité commerciale, renvoyèrent leurs ouvriers, ou en doublèrent le nombre, suivant l'intérêt du moment. Il se produisit alors ce spectacle inouï d'une multitude placée tout à coup dans l'impuissance absolue de gagner son « pain quotidien » et descendant par conséquent bien au-dessous des races pastorales et nomades, qui sont du moins assurées de posséder toujours cet élément essentiel de toute existence humaine.

Acculés à la misère et à la famine, ces malheureux ne tardèrent pas à retourner contre leurs patrons la loi draconienne de l'offre et de la demande. Ils se coalisèrent, pour mettre dans les moments d'activité leur concours à un prix très élevé. Ainsi, la guerre sociale, conjurée par la pratique du patronage chez les peuples prospères, se trouve régulièrement organisée, dans les sociétés qui violent cette loi « essentielle » de toute société.

IV

Outre ces divers éléments qui forment la *constitution essentielle* d'un peuple, il existe certaines *pratiques* sociales qui concourent à en assurer le fonctionnement. De ce nombre est le régime des successions. Son influence est telle, qu'il permet de grouper les familles en trois types différents et bien caractérisés : la *famille patriarcale*, la *famille instable* et la *famille-souche*.

Le Play observa le premier type chez les peuples pasteurs de l'Orient, chez les paysans russes et chez les Slaves de l'Europe centrale. Le père conserve près de lui tous ses enfants mariés et exerce sur eux et sur ses petits-enfants une autorité fort étendue. Sauf quelques objets mobiliers, les propriétés restent indivises sous l'autorité du père, qui dirige les travaux; à sa mort, il est remplacé par celui de ses fils qu'il a désigné pour héritier.

Si ce régime a les inconvénients que nous avons signalés à propos de la *communauté*, il a du moins l'immense avantage de faire participer au bien-être commun les individus moins bien doués et de leur assurer la possession du « pain quotidien ». D'ailleurs, il est approprié à la situation de ces familles qui, vivant sur des territoires presque déserts et sous une forme de gouvernement très primitive, ont besoin de rester fortement groupés autour du foyer domestique et sous l'autorité paternelle, pour éviter les dangers de la solitude.

La famille *instable* se rencontre surtout chez les populations désorganisées de l'Occident, et particulièrement en France depuis trois quarts de siècle, sous l'influence du partage forcé des biens. Sous ce régime, tous les enfants s'établissent hors du foyer paternel à l'époque de leur mariage, ou même dès qu'ils peuvent se suffire à eux-mêmes, laissant leurs vieux parents dans l'isolement. Chaque enfant dispose de la dot qu'il a reçue et jouit des produits de son travail, libre de toute charge envers sa famille; à la mort des parents, tous les biens sont partagés également entre les enfants, sans que le père ait le droit d'intervenir par son testament. La conséquence de ce fait est la liquidation périodique du foyer paternel.

Sous un pareil régime de transmission, les mariages sont généralement stériles, précisément afin d'obvier aux inconvénients du partage; aussi ne se rencontre-t-il que dans les pays désorganisés ou en voie de désorganisation.

Au contraire, Le Play observa le troisième type, qu'il désigna sous le nom expressif de *famille-souche*, chez les peuples les plus libres et les plus prospères, chez ceux qui ont le bon sens de défendre leur vie privée contre la domination des légistes, contre les envahissements de la bureaucratie et les exagérations du régime manufacturier, aux États-Unis, en Angleterre, en Allemagne, dans les États scandinaves et dans la plus grande partie de l'Europe. D'après ce système, le père s'associe un seul enfant marié, avec mission de demeurer au foyer et de continuer sa profession. Ce régime maintient ainsi les traditions professionnelles, les moyens de prospérité et les trésors d'enseignements utiles légués par les aïeux. Il crée en même temps un centre permanent de protection auquel tous les membres de la famille peuvent recourir dans les épreuves de la vie. Il concilie, enfin, l'autorité du père et la liberté des enfants, la stabilité et le progrès des conditions sociales.

Tandis que dans les familles instables la mort du père est le signal de la dissolution, dans les *familles-souches* ce n'est qu'une épreuve douloureuse pour le cœur des enfants, mais sans conséquence pour la prospérité de la famille. Les enfants en bas âge, ceux qui ont besoin de secours et de protection, ne se trouvent point abandonnés. Grâce à la permanence du foyer et à l'autorité de la tradition, ils trouvent auprès du nouveau chef de famille le même appui qu'autrefois.

Et que l'on ne croie pas que les autres frères soient sacrifiés à l'héritier du foyer et de la profession. Celui-ci leur paye, au moment de leur établissement, une soulte en nature proportionnée aux ressources de la famille et fixée par le père ; en outre, ils jouissent de tous les avantages de dignité morale et de force matérielle que donne à une famille la longue transmission d'un centre permanent d'habitation et de travail.

La conclusion à laquelle arriva Le Play, en comparant ces divers types de famille, se dégage d'elle-même : si la famille patriarcale est la mieux appropriée aux peuples nomades et pasteurs et aux populations vivant sous le régime de la communauté, sur des territoires peu peuplés ; la famille souche est le régime qui assure le mieux la paix et la prospérité aux peuples sédentaires livrés à l'agriculture, au commerce ou à l'industrie. — Quant à la famille instable, elle constitue un état morbide, et porte en elle les signes évidents d'une décomposition sociale.

V

Après avoir signalé les lois qui régissent la *famille* et le *travail*, Le Play s'élève par une marche naturelle à celles qui régissent le gouvernement général des sociétés. Il constate d'abord que la paix est garantie dans la vie publique lorsque les peuples obéissent à *la loi divine*. La décadence commence quand, enorgueillis par leurs succès, ils considèrent le Décalogue, non plus comme un don de Dieu, mais comme un produit de la sagesse humaine. La souffrance arrive, quand ils cessent d'en pratiquer les préceptes. Enfin, les catastrophes les emportent, quand ils se mettent en révolte ouverte contre ses enseignements.

S'ils doivent être soumis à la loi morale, les peuples doivent également obéir au souverain. Mais cette souveraineté revêt un caractère différent, suivant qu'elle s'exerce dans la famille, dans la commune, dans la province ou dans l'État. L'observation révéla cette distinction à Le Play, et il l'a formulée dans une phrase qui contient tout un programme de gouvernement.

« Les constitutions modèles du passé, comme celles du présent, dit-il, offrent simultanément quatre caractères : elles sont *théocratiques* dans le monde des âmes, *démocratiques* dans la commune, *aristocratiques* dans la province, *monarchiques* enfin dans la famille et dans l'État. »

Devant cette distinction, justifiée par l'histoire et par l'observation, toutes les théories politiques créées par l'esprit de système s'évanouissent comme des chimères. Une société, en effet, ne saurait être, ni exclusivement théocratique, ni exclusivement démocratique, ni exclusivement aristocratique, ni exclusivement monarchique, mais elle doit réunir en elle toutes ces conditions à la fois.

C'est, en partie, pour avoir voulu développer un de ces éléments au détriment des autres, que nos divers gouvernements, depuis un siècle, ont été renversés; c'est pour la même raison que nous sommes tous impuissants à rien fonder de durable. Nous avons perdu la véritable formule sociale; nous ne savons plus trouver la quantité de monarchie et de démocratie nécessaire dans une société bien ordonnée.

Dès lors, nous sommes incapables d'assurer à la fois l'exercice du pouvoir et des libertés publiques. Nous oscillons perpétuellement et sans transition de la monarchie absolue à la démocratie absolue, du césarisme à l'anarchie.

Cette vérité une fois comprise, Le Play, avec sa précision ordinaire, dégagea les conditions qui doivent présider à la réforme de la vie publique.

On peut les résumer en quelques lignes : Dans la commune, développer la vie locale, intéresser tous les citoyens à l'administration communale, restreindre l'intervention de l'État pour toutes les questions qui ne sont pas directement de sa compétence. La commune est, en effet, le véritable et légitime domaine de la *démocratie*.

Dans la province : reconstituer une classe dirigeante, en groupant les individualités les plus éminentes par la vertu, le talent et la richesse, pour les faire concourir au service *gratuit* du pays.

Dans le gouvernement central, enfin : fortifier l'État et augmenter sa stabilité, d'une part, en centralisant dans ses mains l'action politique, de l'autre, en le déchargeant des fonctions privées et administratives, que les citoyens et les pouvoirs locaux peuvent exercer plus utilement.

D'après ce programme, rigoureusement déduit de l'observation de

tous les peuples, l'Etat doit s'occuper exclusivement des affaires générales, à savoir : de la confection et de l'exécution des lois, de l'armée
et de la marine, de la diplomatie, des finances, de la justice et de la
police, de la tutelle des incapables. Le reste, l'administration de la
province, la collation de la plupart des emplois, le culte, l'éducation,
l'assistance proprement dite, la voirie, le commerce et l'industrie sont
abandonnés, sous certaines réserves, aux pouvoirs locaux, à l'association, ou aux individus.

En d'autres termes : *Centralisation politique, décentralisation admi-
nistrative.*

Sous un pareil régime, les citoyens, suffisamment absorbés par la
gestion des *affaires locales*, sont moins portés à s'immiscer dans la
gestion des *affaires générales*, à faire de l'opposition au gouvernement.
Celui-ci peut ainsi donner plus de soins aux grands intérêts du pays.

D'autre part, les individus acquièrent, par le maniement quotidien
des affaires locales, outre l'esprit pratique, de réelles aptitudes de
gouvernement; ils deviennent peu à peu capables de s'élever par
degrés, de la direction de la commune à celle de la province, puis à
celle de l'Etat, lorsqu'ils révèlent des aptitudes exceptionnelles. Le
pays tout entier devient, en quelque sorte, une vaste école d'hommes
d'Etat, non pas improvisés par un vote tumultuaire, mais préparés à
la vie politique par la pratique sérieuse du gouvernement local.

Au lieu de suivre cette conduite indiquée par l'expérience, nous
croyons qu'il suffit d'augmenter les attributions administratives de
l'Etat pour réprimer les agitations de la rue. Nous avons créé, de la
sorte, un pouvoir qui succombe sous le poids de ses attributions, et
une nation qui, privée de l'exercice légitime de ses droits, cherche
dans les agitations politiques l'emploi de ses loisirs forcés.

J'ai essayé d'indiquer sommairement, les conclusions les plus générales qu'une observation d'un demi-siècle révéla à Le Play. Mais on
doit comprendre qu'il est impossible de faire tenir une œuvre aussi
vaste dans des limites aussi étroites.

Surtout ce que je n'ai pu exposer, c'est la méthode rigoureusement scientifique qui servit de point de départ à cette œuvre immortelle. J'ai esquissé, en quelques traits rapides, les contours de l'édifice;
mais ceux-là seulement qui ont mesuré ses substructions granitiques
savent à quel point il est capable de défier les efforts des hommes et
l'action du temps.

F. LE PLAY

ET LES JUGEMENTS DE LA PRESSE

Le *Figaro*, par la plume de M. Saint-Genest, s'exprime ainsi, dans un article très remarquable :

« En rentrant à Paris, j'apprends la triste nouvelle : M. Le Play est mort ; cette grande intelligence s'est éteinte. Cette belle et paisible lumière qui brillait au milieu de nos ténèbres vient de disparaître.

» Quelque intéressants que soient les projets de M. de Freycinet, les décrets de M. Ferry et les discours de Gambetta, je demande au lecteur de lui parler de ce grand mort.

» Et d'abord, que je dise comment je l'ai connu.

» C'était à la fin de 1871 ; à cette époque néfaste, qui nous a menés directement là où nous sommes aujourd'hui. J'étais encore moins attristé par nos malheurs que dégoûté par le spectacle qu'offrait l'Assemblée.

» Depuis un an, je ne vivais qu'au milieu des mécontentements et des rivalités, au milieu des ambitions et des compétitions. Depuis un an, je ne voyais que de petits hommes et de petites choses... quand une lettre m'arrive, m'assignant un rendez-vous, place Saint-Sulpice.

■ Je n'avais jamais lu aucun livre du maître. Pour moi M. Le Play était l'organisateur de l'Exposition universelle, mais la « Paix sociale » m'était absolument inconnue.

» Je me rends place Saint-Sulpice, je monte l'escalier sévère de ce paisible hôtel, j'entre dans ce grand salon, si connu des fidèles.

» Près de la cheminée, j'aperçois un vieillard de petite taille, au regard étincelant, qui me tend la main et, sans préambule, sans phrases inutiles, me montre du doigt une table où des livres sont rangés dans un ordre parfait.

« — Jeune homme, dit-il, vous voyez là trente années d'études, d'observations et de voyages. Ce grand in-folio, qui est près de la muraille, en a été le premier résumé ; mais n'ayant pas tardé à reconnaître que c'était trop lourd pour les estomacs français, j'ai réduit l'œuvre en ces trois volumes que vous voyez ici... Puis, m'étant de nouveau aperçu que mes concitoyens ne pouvaient le supporter, j'ai condensé les trois volumes en un seul, jusqu'au jour, où j'ai résumé le livre en cette brochure, qui, elle-même, a été réduite à ces quelques pages.

» Vous, faites le contraire ; commencez par ces pages ; et, si vous pouvez les supporter, passez à la brochure, puis vous remonterez aux volumes... »

» Je veux répondre par quelques politesses banales ; je dis que très certainement je lirai ces livres avec beaucoup d'intérêt, que je reviendrai place Saint-Sulpice...

» Il m'arrête d'un geste, et avec une douceur et une autorité que je n'ai jamais rencontrées dans ma vie, il me dit : « Pas de phrases inutiles, la vie est courte... Nos moments sont précieux. Écoutez bien ce que je vais vous

dire. » Et avec cette parole sobre et nerveuse, qui lui était particulière, il me fait le résumé de sa vie et de ses ouvrages... »

M. Saint-Genest reproduit, ensuite, avec une clarté et un talent remarquables, le résumé de la doctrine sociale que nos lecteurs connaissent. Puis, il ajoute, en citant toujours les paroles de M. Le Play :

« Voyez-vous, les temps sont graves. Je l'ai dit à l'Empereur devant M. de Morny : « Sire, on vous rompe. Votre Empire mourra de deux choses : le suffrage universel et la théorie des nationalités.

» Les nationalités vous conduiront à ceci : Que l'Alsace sera allemande.

» Et le suffrage universel vous conduira à ceci : que *le palais où je vous parle, Sire, sera sans doute détruit*..... »

« Pour moi, je ne saurais dire ce que j'éprouvais en écoutant cet homme extraordinaire.....

» Pour la première fois, il m'apparaissait des horizons nouveaux, que je n'avais pas encore soupçonnés.

» Celui qui m'y conduisait n'avait certes pas cherché à y attirer le voyageur. Le chemin était âpre et rude ; on n'y voyait, ni une fleur, ni un brin d'herbe... Pas de halte possible, et, jusqu'au sommet, l'auteur n'avait pas daigné y faire passer le moindre rayon de soleil !....

» Mais quelles surprises ! Mais quel horizon !... Habitué que j'étais aux petites idées de nos petits politiciens de Versailles, quelle stupeur d'entendre un pareil langage !

» De suite, je m'étais mis à lire les fameux volumes. Selon l'ordre du maître « j'avais remonté *».

» J'avais remonté de la brochure à la *Paix sociale*, — de la *Paix sociale* à l'*Organisation du travail*, — de l'organisation à la *Famille*, — de la famille à la *Réforme*, — de la Réforme aux « Ouvriers européens. »

» Chemin rude et superbe, qui m'avait fait connaître tous les enthousiasmes et tous les découragements.

» Mais, une fois la route parcourue, j'avais compris certaines paroles, qui m'auraient singulièrement surpris jadis. J'avais compris le sceptique Sainte-Beuve disant : « Il n'existe pas de plus belles pages de moralité sociale et politique. » J'avais compris le chrétien Montalembert, s'écriant : «... Je m'imbibe goutte à goutte de l'œuvre de M. Le Play, à raison de quatre pages par jour ; et je n'hésite pas à proclamer que cet homme a fait le livre le *plus fort* de notre siècle ! »

» Malheureusement, quand je voulais communiquer mes impressions aux lecteurs, j'étais absolument impuissant.

» D'ordinaire, quand nous prenons un livre, nous nous donnons la satisfaction d'en souligner certains passages ; véritable hommage rendu à notre intelligence, qui aime à se dire comme l'abeille : Voilà le butin que j'ai su recueillir, et tout le reste est à laisser...

» Or, ici, rien de semblable ; lorsque je m'étais mis à la besogne, grand avait été mon étonnement, de voir que dans le premier chapitre, j'avais souligné toutes les pages, et que, dans chaque page, j'avais marqué toutes les lignes.

» La fatigue est d'autant plus grande que l'on n'y trouve pas, comme dans les livres ordinaires, ces remplissages, ces développements inutiles, ces digressions légères, où l'esprit se repose et se détend, après les pages trop nourries.

» Dans l'œuvre de M. Le Play, ni repos, ni relâche ; quelque chose de condensé, de substantiel, comme ces extraits Liebig qui nous viennent d'Amérique..., des idées qui se présentent coup sur coup, aussi pressées qu'elles sont rigoureusement coordonnées.

» Là, le critique n'a pas la joie d'éclairer les parties saillantes. Nulle saillie, nul point lumineux. Dans cette vaste étendue, tout est également en relief, tout est rangé dans le même ordre implacable, comme le serait un immense damier. Si on veut en extraire une idée, on arrache du même coup toutes les autres, qui viennent fatalement à la suite, tellement liées ensemble qu'on ne peut en détacher aucune.

» Maintenant, si d'un mot on veut définir la doctrine de M. Le Play, on peut dire que c'est la condamnation absolue du rôle politique des classes dirigeantes en France.

» C'est la doctrine large et magnifique de la régénération sociale et religieuse opposée à l'esprit de division, à l'esprit de coterie et à la guerre intestine qui nous a perdus.

» Aussi les conservateurs ne s'y sont pas trompés. Les uns après les autres, tous venaient place Saint-Sulpice, tous écoutaient cette parole... Un instant, ils restaient frappés de la grandeur de la doctrine... puis, peu à peu, ils désertaient la maison de ce grand penseur, pour retourner à leurs luttes et à leurs compétitions.

» Et, en effet, qu'est-ce qui pouvait les attacher là ?

» A Versailles, c'était bien mieux ! Les légitimistes pouvaient dire que tout le mal venait des orléanistes. Les orléanistes pouvaient s'en prendre aux bonapartistes. Les bonapartistes aux républicains. Les républicains aux catholiques. Les catholiques aux protestants...

» Avec M. Le Play, c'était impossible, M. Le Play disait : « Le mal n'est pas chez les autres, il est en vous. »

» Ce n'est pas l'Empire qui a corrompu la France ; c'est la France qui, par sa corruption, a mérité d'avoir l'Empire.

» Ce n'est pas la République qui désorganise la France ; c'est la France qui, par le suffrage universel, a mérité d'avoir la République... »

» Le moyen de supporter de pareilles doctrines ! Aussi, après avoir consacré quelques lignes à l'œuvre de la paix sociale, chacun de nos politiciens désertait un temple où il n'y avait nul aliment pour ses passions.

» C'est lorsque cette désertion a commencé que j'ai le plus admiré M. Le Play. Au lieu de se laisser influencer par l'opinion, il a continué paisiblement son œuvre, sans un instant d'amertume, parce qu'il était sûr d'être dans le vrai.

» J'allais souvent dans cette maison bénie, c'était pour moi un grand spectacle que ce vieillard entouré de sa famille, instruisant les jeunes gens, et leur enseignant « la vérité. »

» A mesure que je trouvais les hommes de notre époque plus petits, je trouvais cet homme plus grand.

» Aujourd'hui, je n'ai que le temps de jeter ces quelques lignes à la hâte. Mais le lecteur me pardonnera de revenir sur ce sujet.

» J'expliquerai alors, comment il a manqué une seule chose à ce grand penseur, c'est un écrivain médiocre pour vulgariser ses idées. » (SAINT-GENEST.)

Dans la *Civilisation*, M. Urbain Guérin, après avoir fait le portrait moral de M. Le Play, ajoute:

« M. Le Play était un savant dans toute la force du terme; il a constitué une science aussi rigoureuse que la chimie, la physique, la physiologie, et la monographie de famille ne le cède pas en précision à l'analyse chimique.

» Jusque-là, on avait entendu de brillantes théories sur les questions sociales, de véhémentes protestations contre les erreurs qui avaient détruit l'antique constitution de la France, de savants commentaires sur les principes, qui avaient été universellement acceptés.

» Au milieu de l'anarchie intellectuelle, qui caractérise notre époque, Frédéric Le Play sentit la nécessité de s'adresser à l'observation, pour étudier les questions sociales; il parcourut trois fois l'Europe, voyageant la plupart du temps à pied; il entreprit la description de plus de trois cents familles. A sept reprises différentes, il séjourna en Angleterre; il se lia avec les grands personnages de l'Europe, avec tous les propriétaires influents, avec les chefs d'usine, qu'il a si justement appelés les *autorités sociales* et, après vingt ans de voyages, de méditations, de labeurs, il constitua le cadre de la monographie, cadre à la fois si puissant et si simple, dans lequel tous les phénomènes de la famille sont rigoureusement décrits.

» Cette œuvre suffirait pour immortaliser son nom, lorsqu'on voit quels faits sociaux d'une haute portée elle a permis de découvrir. Rien chez lui n'est laissé à l'inspiration personnelle; tout procède de l'observation.

» F. Le Play n'appartenait pas, comme on l'a dit quelquefois, aux écoles saint-simoniennes; mais il n'avait pas non plus, dans sa jeunesse, la foi vivace et pratique dans les vérités traditionnelles. Il s'adressa toutefois à l'observation, comme tous les vrais savants, sans parti pris, sans idée préconçue; et cette loyale consultation de l'expérience l'amena à proclamer le néant de toutes les erreurs que le dix-huitième siècle et, à sa suite, nos pères et nos contemporains ont adoptées aveuglément...

» Nommé sénateur sous l'Empire, M. Le Play avait conquis l'Empereur au principe de la liberté testamentaire; mais, les légistes qui entouraient le chef de l'Etat l'empêchèrent de rien changer au Code civil. Déjà, l'auteur de la *Réforme sociale* prévoyait les malheurs qui vinrent fondre sur la France en 1870, comme, dans ses derniers jours, il se rendait compte de l'abîme encore plus profond vers lequel nous courons, si nous persistons dans notre fol aveuglement.

» F. Le Play était doué, en outre, d'une précieuse qualité, bien rare chez un homme d'un aussi vaste esprit, chez un chef d'école : la modestie. Tous ceux qui s'adressaient à lui étaient sûrs d'être écoutés avec la même attention, avec la même bienveillance, quel que fût leur rang social. Il se plaisait à répéter qu'il n'avait rien inventé ; que l'esprit d'invention était aussi stérile, aussi dangereux dans l'ordre moral que fécond dans l'ordre physique ; son seul mérite, disait-il simplement, était d'avoir rappelé des faits oubliés.

» La science sociale est maintenant créée ; l'œuvre survivra à l'ouvrier. Depuis trois ans, il avait pris soigneusement toutes ses dispositions pour que l'œuvre fût continuée, lorsque Dieu aurait appelé son âme auprès de lui.

» Peu à peu, du reste, le nombre de ses disciples grandissait. L'Europe qui, hélas ! accorde peu de crédit à la France, respectait cette haute autorité, et les hommes représentant les idées les plus diverses lui envoyaient le témoignage de leur respectueuse adhésion. Tandis que M. de Laveleye, protestant, et {M. Luzzati, israélite, lui écrivaient qu'auprès de lui toutes les écoles économiques disparaissaient, Sa Sainteté Léon XIII le nommait commandeur de l'ordre de Saint-Grégoire-le-Grand, dans les termes les plus flatteurs. M. le comte de Chambord tenait en haute estime le caractère et les idées de l'illustre écrivain, et plusieurs fois le Chef de la Maison de Bourbon exprima le désir de voir se propager ses idées de réforme.

» L'œuvre immense du fondateur de la Science sociale exercera, nous en sommes convaincu, une influence profonde sur la direction des idées, et le nom de Le Play traversera les âges futurs, entouré de la reconnaissance d'une postérité éclairée par ce grand homme. »   (Urbain Guérin.)

Le *Clairon* consacrait à M. Le Play, le lendemain même de sa mort, un article considérable et très remarqué. Nous lui empruntons les extraits suivants :

« Hier, s'éteignait un des plus grands flambeaux de notre siècle — l'avenir dira de l'humanité. Il y a eu, de nos jours, des réputations plus tapageuses, des personnalités plus répandues, des illustrations plus éclatantes. Peu d'hommes grandiront comme Le Play. Son intelligence fut de premier ordre, sa raison puissante, sa volonté énergique, sa ténacité, peut-être unique. L'imagination existait, mais elle était réglée.

» Ce qui fit sa supériorité, c'est certainement l'équilibre surhumain de ses facultés, toutes de premier ordre, et surtout l'absence absolue de tout parti pris, de toute idée préconçue ; l'amour passionné, dominant de la vérité — la haine persistante, instinctive de l'erreur. En cela, il était au-dessus de l'homme ; son esprit planait loin des nuages, des obscurités de la terre, et — comme les saints qui pourchassent le mal — il s'acharnait à secouer l'erreur.

» Quelle devait être cette intelligence ainsi assurée ; de quel vol cet esprit, allégé de ce qui tire en bas, s'envolait-il vers ces hauts sommets ! Notre époque ne l'a pas deviné ; — quelques hommes l'apprécient, — l'avenir seul, si tout n'est pas perdu, le saura. En France, il est de mode de l'estimer, sans le lire. L'Europe le lit, et c'est un des quelques Français dont elle fasse cas.

» Il prend rang près de Claude Bernard, de Leverrier.

» C'est un savant de grande race, de ces génies qui construisent les assises de la science, qu'on connaît parce que, voyant l'édifice solide, on s'enquiert de qui l'a bâti...

» Le Play n'était pas un économiste — c'était le créateur de la Science sociale. L'observation des faits, par une méthode que l'expérience créa vérifia, et fonda définitivement, devint l'instrument souverain qui, entre ses, mains, devait transformer l'économie politique — la détruire serait plus juste. Au lieu de théories, de principes abstraits, la science sociale se compose de faits, analysés, observés, classés, par sa méthode d'une rigoureuse exactitude et d'une précision infaillible; elle devient digne de ses sœurs, la physiologie, la chimie, l'anthropologie et les sciences mathématiques.

» L'homme valait-il le savant? Les grandes amitiés qui ont honoré sa carrière, les fidélités qui ont entouré sa vieillesse, l'estime qui courba respectueusement tous les fronts, répondent pour moi.

» Quel était l'homme? Je ne l'ai connu que dans ces dernières années, mais tel il est mort, tel il a vécu. Petit, d'un tempérament sec, nerveux et agile, simplement vêtu, presque toujours en veston bleu, il n'y avait de remarquable chez lui que la tête. Mais quelle expression! Le front haut, découvert, fortement bombé, les yeux enfoncés, perçants, le regard calme et droit — habituellement baissé vers la terre — de temps à autre se levant rapide, étonnant de pénétration et de puissance; on y lisait sa profonde connaissance des hommes. Les sourcils proéminents, touffus et ombrés, avec quelque chose de convergeant dans tout le visage — une loupe ramenant tous les rayons pour en centupler la force sur un point unique. La bouche ferme, quelque chose d'aquilin dans l'ensemble de la tête.

» Il fallait pénétrer dans son intérieur, pour jouir de ses qualités de gaieté, d'amabilité et de bonté exquise, surtout de cette conviction puissante et simple comme la vérité, — son seul guide.....

» Le calme est bien ce qui a marqué cette vie active. Il a engendré cette régularité, cette méthode, cette merveilleuse faculté d'observation qui lui ont permis de produire des œuvres si scientifiquement exactes.

» M. Le Play n'a jamais discuté; presque toujours il a convaincu par la précision de ses idées et par la précision qu'il imposait à ses contradicteurs. Faire définir et questionner, telle a été sa méthode — celle de Socrate.

» Il fallait du reste cette précision, pour observer les infiniment petits de la société. L'homme superficiel les nie, l'observateur les regarde, et il apprend que, pareils à ceux de l'Océan, ils forment patiemment le récif sur lequel se brisera un jour le cuirassé le plus puissant, si l'explorateur n'a su ni les prévoir, ni les découvrir.

» Le Play meurt au moment même où les folies et les utopies sociales semblent se réveiller et où, par conséquent, son rôle eût pu grandir encore; mais ses œuvres vivront, et c'est, dans cette Somme prodigieuse de la science sociale, que nous-mêmes — et, après nous, nos fils — nous trouverons les moyens de démêler du grand problème, ce qu'il contient de juste, pour le réaliser; ce qu'il contient de tyrannique et de faux, pour l'écraser. »

(HENRI D'ARTHOUZ.)

La *Défense*, après un résumé très complet et très exact de la vie de M. Le Play et de ses travaux, comme ingénieur et comme économiste, conclut ainsi :

« ... Le chef de l'école de la paix sociale a fondé une œuvre qui durera.

Les hommes distingués et de foi, les gens de cœur qui tiennent à honneur d'être ses disciples, acceptent de leur illustre maître le devoir de propager un esprit, des vérités, qu'il a mis dans leur commun patrimoine. Le souvenir vivant et durable de la ténacité, du prosélytisme de M. Le Play, établit fermement l'école sur sa base, l'observation du Décalogue et lui rappelle son but : la restauration de la triple loi du « respect dû à Dieu, source » de toute autorité ; au père, son délégué dans la famille ; à la femme, lien » d'amour entre tous les membres de la communauté ». Le grand Français pour lequel l'Église creuse une tombe aux jours anniversaires de ses plus augustes mystères parle encore la parole de paix sociale aux honnêtes gens de tous les partis..... »

Le journal de M. Paul Leroy Beaulieu, l'*Economiste français*, s'exprime ainsi :

« Nous avons le très vif regret d'apprendre la mort d'un homme dont le nom est bien connu, et nous pouvons ajouter justement respecté de tous ceux qui ont suivi, en notre temps, le mouvement des idées et des travaux d'économie sociale. M. F. Le Play vient de succomber à une maladie de cœur dont il souffrait depuis une couple d'années...

» A partir de 1870, il s'éloigna de la vie politique, pour se renfermer exclusivement dans les études par lesquelles il s'était déjà acquis une grande notoriété et une autorité reconnue même de ses adversaires. Appliquant à l'étude des phénomènes sociaux la méthode d'observation, M. Le Play a exécuté et inspiré de nombreux et intéressants travaux statistiques et descriptifs, qui forment, pour la science, de précieux matériaux. Profondément préoccupé de l'amélioration du sort des classes laborieuses, il est devenu le chef et le maître d'une école de réformateurs qui, au lieu de chercher la solution du problème de la misère dans des utopies révolutionnaires, tendent, au contraire, restaurer, en les rajeunissant, certaines institutions du passé. C'est avec le concours de disciples fervents, recrutés dans les classes les plus aisées et les plus instruites de la société, que M. Le Play a fondé la *Réforme sociale*, revue bi-mensuelle et organe de la Société internationale d'économie sociale, dont il était le fondateur, et le Secrétaire général... Nous reviendrons sur la vie et les travaux de cet homme éminent, qui fut aussi, et surtout, un homme de bien et un homme utile. »

Nous lisons dans le *Français*, sous la plume de son rédacteur en chef, M. François Beslay :

« Nous ne pouvons aujourd'hui, à la hâte, parler, comme il conviendrait, de M. Le Play. Il était pour nous un ami. Le matin, il nous recevait familièrement, dans son grand cabinet de la place Saint-Sulpice ; il quittait, pour causer avec nous, ses livres, ses papiers, sa vaste correspondance, et librement, simplement, il nous communiquait ses vues sur les événements et sur les hommes. Non seulement il admettait la contradiction, mais il l'aimait. Sur quelques points secondaires, nous pouvions n'être pas d'accord avec lui ; il ne s'en blessait pas ; au contraire, on aurait dit qu'il nous savait gré de n'accorder à ses vues qu'une adhésion réfléchie et indépendante. Sur le fond des choses, nous étions en communauté d'opinions à peu près absolue.

» Ce n'était pas à lui qu'eût suffi la jouissance de posséder personnellement
la vérité; il avait la passion du prosélytisme. Peu lui importait qu'on parlât
de lui; il désirait passionnément qu'on parlât de ses livres, qu'on les lût et
qu'on connût ses idées. La fondation de la *Société d'économie sociale*, plus
récemment la création des *Unions de la paix sociale* donnèrent au prosélytisme de M. Le Play une forme, dans l'efficacité de laquelle il avait mis
toutes ses espérances. Il est certain que, par son action personnelle et par
celle de ses amis, de ceux qui tiennent à honneur de s'appeler ses disciples,
M. Le Play a concouru à détruire le faux crédit des idées révolutionnaires. »

Dans l'étude qu'il consacre à M. Le Play, le *Moniteur universel* écrit :

« Il est vide, désormais, ce grand salon de la place Saint-Sulpice qui a
vu passer tant d'hommes illustres et tant de choses, où la gloire officielle et
celle qui ne l'est pas, les talents et les conditions les plus diverses se cou-
doyaient dans un pêle-mêle original. Un membre de la Chambre haute d'Angleterre y donnait la réplique à un élève de l'Ecole des mines, un évêque
français causait avec un Turc de l'ambassade ottomane. On parlait cinq ou
six langues à la fois. Les diplomates se réunissaient dans un coin, les écri-
vains, et il y en avait d'illustres, se groupaient dans un autre. Les gens du
monde étaient fort dépaysés; ils étaient venus là, par distraction ; mais ils ne
disaient rien ou s'esquivaient discrètement. L'objet ordinaire de la conver-
sation n'était pas celui qu'ils affectionnent. Il n'était question, ni de chevaux,
ni de femmes, ni de musique, ni d'ameublement, ni de la pièce ou du tailleur
à la mode. Les intérêts des États, la Science sociale, l'histoire, la spéculation
théologique, la biographie dynastique ou diplomatique faisaient les frais
d'un dialogue du relief le plus élevé.

» Le maître de la maison l'emplissait de sa parole brève et saccadée, bienveillante et libérale aux opinions comme aux personnes.....

» Il a travaillé jusqu'au dernier moment. Il avait mené de front deux
carrières différentes dont il n'avait conservé qu'une, il est vrai, celle de
publiciste et de chef d'école. L'autre lui était devenue inutile, et elle avait
été brillante. C'était celle d'ingénieur, celle qu'il appelait sa carrière
pratique.....

» Il y a dans le *Réforme sociale*, un savoir, une intelligence, une originalité, une personnalité qui n'ont point d'analogue au XIXe siècle. Le génie
de M. Le Play ne procède d'aucune inspiration moderne. Il est isolé, en
quelque sorte. Les hommes y sont étrangers, les faits seuls le lui ont donné...
La tombe qui va se fermer couvrira la dépouille d'un homme dont le nom
est destiné à figurer parmi les plus grands dont la tradition s'honore. Le
présent l'avait presque oublié; mais l'avenir dédommagera sa mémoire. » —
(L. D.)

L'étude consacrée à M. Le Play par le *Paris-Journal* est intitulée :
Un grand conservateur. L'auteur conclut ainsi :

« L'exemple des études et du caractère de M. Le Play doit être médité
par les conservateurs, s'ils veulent reprendre à la tête du pays le rôle qui

leur appartient, et qui ne peut être déserté sans qu'il en résulte un grand péril pour la nation et une irrémédiable décadence. »   (L. Desmoulins.)

La *Patrie*, dans un article très bien fait, s'exprime ainsi :

« La mort de M. Le Play ne met pas seulement en deuil les amis et les admirateurs d'un homme remarquable par la pénétration de son génie, par la droiture d'un cœur noble et par la sincérité de convictions généreuses fondées sur de patientes études. Elle attriste, elle trouble même, l'élite des Français qui espèrent, attendent et préparent, dans la mesure où le temps le permet, la réforme des institutions et des mœurs, dans leur pays.

» Que disons-nous? Ce n'est pas seulement en France que cette perte sera ressentie. M. le Play avait fondé, sous le nom d'*Unions de la paix sociale,* une vaste association qui comptait parmi ses membres deux mille adhérents recrutés dans l'aristocratie intellectuelle de l'Europe. Il y avait là, rassemblés par l'admiration que des œuvres véritablement magistrales, et en un certain sens prophétiques, justifient, des Anglais, des Allemands, des Italiens, des Russes, qui tous avaient, dans les ouvrages de l'illustre savant français, trouvé la seule formule que l'on puisse opposer avec succès aux utopies empiriques du socialisme. Cette association constituait à nos yeux, pour l'Europe, l'avant-garde de l'avenir. M. Le Play disparu, elle ne se dissoudra certainement pas.....

» Dans le livre intitulé : La *Réforme sociale,* se manifestent à la fois la puissante originalité et la bonne foi vigoureuse de cet esprit rare. L'originalité de M. Le Play consiste à voir dans la morale le facteur essentiel d'une bonne politique et de la prospérité réelle d'une bonne société. C'est en quoi il diffère de l'école révolutionnaire qui, ne s'inspirant que du matérialisme le plus grossier, prétend que la *productivité* humaine et le bonheur des peuples ne dépendent à aucun degré de la qualité des mœurs. L'homme, l'individu vaut par lui-même, dit l'école révolutionnaire. M. Le Play répond, l'histoire à la main, que l'homme, l'individu, ne peuvent rien, ne fondent rien, ne produisent rien, en dehors de la famille gouvernée par la tradition morale. La constatation de cette vérité, prouvée par l'expérience de tous les peuples, frappa de stupeur et d'impuissance les économistes révolutionnaires. Ils n'ont pas, que nous sachions, tenté une réfutation sérieuse des doctrines de M. Le Play.

» Il est à remarquer que depuis l'époque où ces doctrines furent mises au jour et commencèrent de se répandre, le socialisme républicain n'a pas recruté un seul adepte, ni trouvé un seul défenseur dans une autre classe que celle des démagogues de profession. Aucun écrivain sérieux, aucun savant de mérite, ne s'est laissé séduire par son appareil de fausse science...

» L'œuvre et la vie de M. Le Play sont là tout entières, dans cet apostolat fécond qu'il exerça, en faveur de la réconciliation des castes ennemies, sous les auspices de la morale et de la protection mutuelle, c'est-à-dire sous les auspices du principe même du christianisme. Le reste, les succès personnels qu'il obtint, les distinctions flatteuses dont il fut l'objet de la part de Napoléon III, sa carrière de conseiller d'État, de sénateur, de commissaire général et d'organisateur de l'Exposition universelle, ne sont que l'accessoire de cette belle existence.

» M. Le Play a été, dans le domaine de l'histoire et de l'économie politique et sociale, le premier négateur résolu des bienfaits de la libre pensée, de l'individualisme et de la Révolution. Quelle gloire vaut celle-là ? »

Le *Gaulois* a publié sur M. Le Play un article, auquel nous empruntons un passage :

«... Nous sommes de notre temps ; mais nous ne pouvons refuser l'hommage de notre respect et de notre admiration à ces fiers génies qui ne suivent aucun torrent, qui ne plient devant aucune puissance, qui ne sacrifient pas à la faveur du maître, roi ou peuple, un seul iota de ce qu'ils croient être la vérité.

» Le Play disait à l'empereur Nicolas, bien avant que l'Occident connût les vices de la bureaucratie russe : « La bureaucratie est le fléau de votre empire. » Sous Napoléon III, tout haut fonctionnaire et sénateur qu'il fût, il célébrait les libertés locales et les influences aristocratiques qui ont fait la grandeur de l'Angleterre. Sous la troisième République, il bravait la démocratie triomphante, sans dissimuler aucun des vices de l'ancien régime. S'il choque nos convictions, s'il affronte nos préjugés, nous devons au moins reconnaître qu'il ne flatte pas les préjugés de nos adversaires. Il est pour tous les partis un arbitre sévère et un témoin peu complaisant ; mais il n'est pour personne, ni un flatteur, ni un ennemi.....

» Ce rude censeur des mœurs et des idées du dix-neuvième siècle devrait au moins nous contraindre à réfléchir, à nous défendre, et par conséquent à nous corriger. Nous avons tant de flatteurs qu'un Mentor nous ferait grand bien, si sévère qu'il fût, pourvu que Minerve l'inspirât. »

M. Coquille consacre dans le *Monde* un article très complet à M. Le Play et à son œuvre. En voici un extrait :

« La mort de M. Le Play laisse un vide dans la société européenne. Il était en relations avec les hommes éminents de l'Angleterre, de l'Allemagne, de l'Autriche, de la Russie. Cette réforme sociale à laquelle il a attaché son nom n'intéresse pas seulement la France. Partout, en effet, l'ordre social est plus ou moins menacé. Les gouvernements ont souvent méconnu leur mission ; les hommes d'État n'ont pas compris les vrais principes de l'ordre et de la paix parmi les nations.... M. Le Play n'est pas un réformateur dans le sens strict du mot ; il ne propose pas une nouvelle forme, un type nouveau de société. Assez d'autres se sont livrés à de dangereuses utopies. C'est précisément contre eux que M. Le Play a entrepris son œuvre. Il l'a fondée sur l'expérience et sur la loi morale...

» Ce sera l'honneur de M. Le Play et de son école d'avoir cherché à restaurer les droits naturels des Français, en leur rendant le droit de famille et le droit de propriété. Ces «droits de l'homme et du citoyen» si longtemps illusoires reprendront leur véritable signification sous l'influence de la *Société d'économie sociale*...

» M. Le Play a vu accourir à lui les hommes les plus éminents ; son école a rayonné dans toutes les provinces ; de paisibles associations se sont formées pour propager l'étude des faits sociaux. En dehors de toute politique, de toute spéculation sur les gouvernements, des hommes de bonne volonté s'unissent pour étudier les faits sociaux et appliquer la méthode expérimentale. C'est un résultat inespéré dans un pays où les opinions sont des armes de combat. M. Le Play a proclamé la paix sociale, ou plutôt il a indiqué les moyens de l'obtenir. Il n'a pas discuté, il n'a pas fait appel aux scrutins. Il a présenté les faits et les résultats. A ceux qui l'interrogeaient il répondait : Voyez et jugez ! Il n'a pas procédé par la méthode impérieuse de l'autorité, il n'a ni séduit, ni dominé, et rien n'était plus loin de sa pensée. Par un don heureux qui n'a été réservé qu'à un bien petit nombre d'hommes, il mettait chacun en état de voir lui-même la vérité ; il la lui faisait découvrir. Il ne vous prouvait pas que vous aviez tort, il vous amenait à rectifier votre erreur. Il a reçu des catholiques son principal appui. Mais quiconque est chrétien, ou adepte du droit naturel, a pu s'attacher à lui. Les catholiques lui doivent une longue reconnaissance ; il a eu l'adhésion de beaucoup de membres éminents du clergé..... La société périclite par l'ignorance des vérités de l'ordre temporel. M. Le Play a contribué à rendre plus harmonique l'union du spirituel et du temporel...

»... M. Le Play a donné pour but à ses travaux « la paix sociale ». C'est sous le nom de paix qu'en d'autres temps les Français, fatigués de troubles civils, se sont unis. Les « Unions de la paix sociale », répandues dans toutes nos provinces, sont une invitation aux hommes de tous les partis de rechercher l'ordre, non plus dans les utopies, dans les systèmes, mais dans les voies de l'expérience...

» La gloire du promoteur de la paix sociale se confondra avec cette paix sociale dont il a tracé les linéaments et que sauront seuls conquérir de savants et patients efforts. »   (COQUILLE.)

Le *Monde illustré* a publié un portrait très ressemblant et fort bien exécuté de M. Le Play. Il termine ainsi l'article qu'il consacre à sa mémoire :

«..... Qu'il nous soit permis de joindre à ces lignes trop restreintes l'expression de notre sympathie toute particulière pour la famille de ce grand homme dont la dépouille mortelle recevait, lundi dernier, dans l'église Saint-Sulpice, les témoignages d'une foule immense de ses fervents admirateurs. »

« La France savante vient de faire une grande perte, dit le *Napoléon*... C'était par l'application rigoureuse de la méthode d'observation que M. Le Play entendait découvrir les moyens de réformer la société moderne.... Mais ce qui préoccupait surtout M. Le Play, c'était de former des disciples qui pussent continuer ses travaux et propager sa méthode... Ce qui distinguait M. Le Play c'était un grand esprit de méthode. Aussi supportait-il les plus rudes labeurs sans efforts et sans fatigue... On ne saurait nier la sincérité parfaite qu'il apporte dans ses projets de réforme. La science sociale lui doit beaucoup et ses recherches produiront, tôt ou tard, leurs fruits. »

Nous reproduisons, en partie, un article très remarquable publié par l'*Union*.

« La grande existence qui vient de s'éteindre, l'influence que le maître éminent de la science sociale exercera sur le pays, méritent de fixer l'attention, ne fût-ce que pour rendre un plus complet hommage à la mémoire d'un homme de bien. Car M. Le Play ne fut pas seulement un savant. Ceux qui l'on connu, l'ont aimé ; ceux qu'il a appelés à l'intimité de sa vie lui ont voué des dévouements ardents, absolus ; et la glorieuse couronne de jeunes intelligences et de cœurs généreux qui a entouré sa vieillesse rend à sa bonté, à son influence aimable, à la bienveillance de son accueil, un éclatant témoignage. Peu d'hommes ont eu plus d'amis ; peu d'amis furent fidèles comme ceux de M. Le Play.

» La foule ne sait pas cela ; elle passe. Quelques-uns, qui s'en détachent et s'arrêtent, ont-ils vu ce penseur ? J'en doute. Ceux qui en parlaient, — presque comme d'un passé, — étaient rares, plus rares ceux qui l'avaient lu. L'Europe le possédait mieux que nous ; c'était peut-être la seule partie de nous-mêmes qu'elle nous enviât réellement.

» Mais aussi quelle existence faite pour frapper les positifs qui nous entourent ! Le Play a tout pesé à la balance de l'expérience, tout observé, tout fait passer à l'examen de son inexorable exactitude. La nature l'avait bien servi. C'est une des plus hautes personnalités de notre temps, et la force de l'esprit se centuplait en lui de celle du caractère.

» C'est le malheur de l'homme supérieur que sa supériorité soit partielle. Ceux chez lesquels l'équilibre existe, — Le Play était du nombre, — dépassent la mesure ordinaire. Raison, volonté, énergie, ténacité, tout était de premier ordre. Il s'élevait au-dessus de nous par l'absence de passion, par l'amour unique de la pleine vérité : « Dès que j'eus reconnu, disait-il, l'inexactitude de plusieurs opinions au milieu desquelles j'avais été élevé, je m'habituai si bien à subir l'autorité de l'expérience, que j'éprouvai bientôt plus de satisfaction à découvrir mes erreurs que je n'en trouvais précédemment a me croire en possession de la vérité. » A ces paroles il sera fidèle toute sa vie.....

» Le Play est de la race des savants et de celle des sages. Comme Newton, Platon, Burke et Pascal, il étudie les faits. Il ira trouver les familles à leur foyer, et, par l'étude minutieuse de leur modeste budget, il apprendra, mieux que les diplomates et les hommes d'Etat, les besoins naturels des nations et leur gouvernement. Il interrogera les autorités sociales et saura d'elles la vérité sur la vie des peuples. Il observera, analysera, classera, et de ce travail poursuivi pendant cinquante années sortira la plus puissante méthode, le plus grand et le plus savant amoncellement de faits — l'instrument le plus sûr de destruction et de reconstruction. Il détruit parce qu'il remplace. Par la rigueur scientifique avec laquelle elles sont opérées, ses monographies mériteront de prendre place à côté des classifications de Cuvier ou de Quatrefages...

» Et ce qu'il a créé, ce ne sera plus l'économie politique, la philosophie sociale, l'économie sociale; ce sera la science sociale — sans autre épithète.

Il aura le droit, sans que l'humanité le démente, de couronner son œuvre et d'écrire: *La Constitution essentielle de l'Humanité*. Et cet homme ne sera contredit, ni par l'histoire, ni par l'expérience, ni par la tradition...

» Mais quelle préparation à une telle œuvre !

» C'est tout en illustrant le grand corps des mines par ses travaux et ses missions, que Le Play entreprit ses premiers voyages. C'est à l'aurore de la vie, à l'heure où jeunesse se passe, que fut adoptée par lui la règle sévère dont ce Bénédictin de la science sociale ne se départira jamais...

» Je ne m'étonne pas qu'il ait fait école ; que cette école grandisse et qu'elle réclame l'avenir comme lui appartenant. Seul entre ses contemporains, Le Play a laissé des disciples, unis après sa mort comme pendant sa vie. Ma conviction profonde est que ces disciples font une œuvre patriotique, qu'il est utile et bon de prendre notre part dans leurs efforts et leur méthode.... » (Baron D'Artigues.)

L'*Univers*, en annonçant une étude complète sur l'œuvre de M. Le Play, a voulu, dès le premier jour, lui consacrer un article :

« La mort a saisi M. Le Play dans le calme qui, pendant sa vie, présida pour ainsi dire à toutes ses actions... Le temps nous presse, et nous ne pouvons aujourd'hui exposer, fût-ce en résumé, tout le plan de la grande œuvre qu'il laisse après lui et à laquelle il a donné son nom. Ce travail sera fait un autre jour. Ce que nous voulons seulement rappeler, c'est que, dans toutes ses recherches et au temps même où il ne connaissait pas encore le bonheur d'être catholique pratiquant, M. Le Play eut toujours les yeux tournés vers la lumière, son unique souci étant de découvrir et de proclamer la vérité.

» On sait quelle était dans ce but sa méthode. Il demandait tout à l'observation. Par son propre exemple, il croyait pouvoir affirmer qu'une étude impartiale de l'histoire et des mœurs de tous les peuples, sous toutes les latitudes et dans tous les temps, devait amener la démonstration indiscutable des lois sociales telles que Dieu les a révélées à l'homme, et qui sont formulées dans ce qu'il appelait le Décalogue éternel...

» M. Le Play croyait qu'en face des révolutionnaires, et pour combattre les préjugés qui hantent tant d'esprits parmi les meilleurs, surtout depuis la révolution, sa méthode avait un avantage particulier. Par le fait, il a sur nombre de points redressé nombre d'erreurs ; mais surtout, et c'est là son principal mérite, il a poussé beaucoup d'hommes à sa suite dans la campagne anti-révolutionnaire à laquelle l'autorité de son nom donnait tant d'importance aux yeux mêmes de ceux qui n'acceptaient pas pleinement toutes ses idées....

» Sous l'empire, son mérite l'avait désigné pour être sénateur, et il siégea, en effet, au titre de représentant éminent des sciences politiques, économiques et sociales ; mais depuis 1870, il refusa toutes les ouvertures qui lui furent faites en vue de le ramener dans les assemblées parlementaires. Dès lors, il ne s'occupa plus exclusivement que de grouper et d'étendre son école, afin d'étendre du même coup le domaine des idées qu'il avait à cœur de répandre.

» C'est à ce labeur qu'il s'est épuisé, servi par la femme vaillante et dévouée dont la tendresse et les soins ont illuminé sa vie.... »

(Auguste Roussel.)

Voici la fin de l'article publié par la *Semaine religieuse* de Paris :

« ... Suivant la volonté du défunt, aucun discours n'a été prononcé sur sa tombe. Tout discours devenait en effet, inutile ; les œuvres de M. Le Play parlent assez haut. Il restera un des hommes les plus remarquables de notre temps. Penseur profond, observateur plein de sagacité, travailleur énergique, homme de science véritable, M. Le Play a étudié, connu et analysé mieux que personne le mal qui ronge notre société, et il en a indiqué avec clarté et fermeté les remèdes nécessaires. Puisse-t-il avoir de nombreux imitateurs ! »

Dans sa correspondance aux journaux de province, M. de Saint-Chéron fait un remarquable exposé de la vie et des travaux de M. Le Play. Il termine ainsi :

«... Esprit exact, sévère, exigeant avec lui-même, un de ces hommes rares, chez qui la conscience en tout est un besoin de première nécessité, selon le jugement de Sainte-Beuve. M. Le Play a fait trois fois le tour de l'Europe. Vingt ans furent ainsi consacrés par lui à rassembler sur les questions sociales des notions précises. Le premier, il appliqua à l'étude des sociétés la méthode d'observation si féconde dans les sciences...

» Après les désastres de 1870, que M. Le Play avait prévus dans ses ouvrages, des disciples nombreux se groupèrent autour du maître...

» Par un rare privilège, M. Le Play se survivra, non seulement dans ses œuvres, mais aussi dans l'école sociale dont il fut le chef, et, un jour la France, instruite par l'expérience, recueillera le fruit de ses longs et patriotiques travaux.

« M. le Comte de Chambord, qui a lu très attentivement les ouvrages de Le Play, avait en haute estime le caractère et les idées de l'illustre écrivain ; nous avons entendu le chef de la Maison de Bourbon exprimer le désir de voir se propager les idées de réforme sociale exposées par M. Le Play. »

La *Gazette du Midi* s'exprime ainsi, par la plume de son rédacteur en chef :

« Saluons cette tombe. — L'homme dont elle reçoit la dépouille s'est élevé vers la vérité suprême, par l'étude calme et virile, dans un siècle où la foule et même ce qui paraît être l'élite se rue violemment de la vérité dans l'erreur.

Son œuvre, elle est grande, noble, méritoire et féconde. Il a fallu une intelligence et un cœur éminemment forts pour la concevoir, la poursuivre et la réaliser. Nous estimons que c'est une des plus belles œuvres du siècle. Elle restera. Elle est consignée dans des livres bien connus mais trop peu lus, et il s'est formé sous l'inspiration du maître une école — c'est plus qu'une école — qui, nourrie de ses substantielles leçons, est de force à soutenir, à propager et à faire triompher cette doctrine de régénération sociale... »

Le *Journal de Marseille* a publié sur M. Le Play un excellent article, dont on lira avec intérêt l'extrait suivant :

« ... La réconciliation des Français divisés sur le terrain neutre et large d'une profonde réforme sociale, tel était en France l'objectif de M. Le Play. Dans le grand cabinet studieux de la place Saint-Sulpice, où notre souvenir aime à le revoir, les hommes de bon vouloir se rencontraient venus de tous les points de l'horizon. On était saisi de respect devant cet esprit puissant de synthèse et si sage, si impartial, si ouvert, si croyant en définitive — don touchant chez un vieillard — à la bonne foi générale. Nous voudrions pouvoir citer des fragments des lettres qu'il nous faisait l'honneur de nous adresser. Personne n'a eu à ce degré d'élévation et de loyauté les sentiments d'union patriotique qui nous seraient si nécessaires. « Secouer toutes ses haines, dans ma conviction qui date de loin et qui se fortifie chaque jour, cette réforme du cœur doit être la vraie vertu du Français qui aspire actuellement à guérir son pays..... La haine est devenue un mal français ; elle sévit partout, même parmi ceux dont le devoir est de propager la loi chrétienne d'amour. Je vous promets, quant à moi, un cœur exempt du mal régnant. » Et quelle sincérité! A chaque page : « Si quelque chose dans ceci vous choque, tenez-le pour non avenu, l'intention est droite.... »

(Eugène Rostand.)

La *France illustrée* publie un portrait très ressemblant de M. Le Play et consacre un article fort élogieux à la carrière de « l'illustre maître » de la science sociale.

« ... Le Play, dit le *Travailleur* de Belgique, fut toujours et partout un observateur doué d'une puissance et d'une sincérité d'attention qui tinrent du génie. Il sut faire abnégation de lui-même, pour devenir le serviteur des faits.

» Les faits se chargeront de lui tresser, ici-bas, une couronne immortelle. Ils s'accumuleront, s'aggraveront jusqu'à ce qu'enfin le règne des idées préconçues, dominant ce siècle, soit renversé non plus par la Révolution, mais par une vraie et consciencieuse réforme sociale. Ce jour-là, la figure austère et sereine du maître apparaîtra dans sa véritable grandeur et l'immortalité lui sera définitivement acquise.

» En attendant, dans les chaumières et sous les tentes, aux foyers desquelles il s'est assis pour apprendre, avant de vouloir enseigner; dans les salons et au sein des assemblées où il a prodigué les conseils de son expérience, acquise grâce à une haute intelligence et mûrie par un travail opiniâtre ; dans les bibliothèques publiques et familiales où il a amassé les trésors d'une vaste érudition et d'une science consommée; surtout, dans les cœurs de ceux qui l'ont connu, écouté et aimé, Le Play laisse des souvenirs profonds et ineffaçables... »

» Un homme, comme Le Play, dit *La Voce del paese* de Plaisance, n'appartient pas à une seule nation, mais au monde entier... Voilà pourquoi nous avons voulu joindre notre voix à celle de tous les organes de la presse, pour saluer un homme aussi célèbre, dont la vie entière a été consacrée au bien de ses semblables. »

La *Gazette de Francfort*, le grand journal de la démocratie allemande, donne un résumé des travaux de M. Le Play « l'économiste, le savant illustre qui a mérité par ses longues recherches, la reconnaissance du peuple. »

Le *Vaterland* de Vienne, l'organe estimé des réformistes conservateurs, en Autriche, publie dans son numéro du 13 avril une longue étude des plus remarquables sous ce titre : *Le Play, sa vie, ses études, ses œuvres, sa méthode et ses principes de politique sociale.*

« ...Nous pleurons en Le Play, qui vient de terminer sa carrière terrestre, dit ce journal, non seulement un contemporain éminent, un écrivain politique et social du premier ordre, le fondateur d'une école sociale, un caractère qui fut à bon droit des plus estimés aussi bien dans la vie privée que dans la vie publique, mais surtout un homme dont le caractère et le développement intellectuel si originaux attirent forcément l'attention...

» Le Play était un *tant'uomo*, comme disent les Italiens ; c'était *quelqu'un* comme on dirait en français ; son action a été d'une influence incalculable sur la génération actuelle. Personne avant lui n'avait approfondi la question sociale en France comme il l'a fait.

» Son langage positif, ses démonstrations exclusivement scientifiques sont faites pour frapper vivement un public que les raisonnements *a priori* ne peuvent plus convaincre... »

L'*Éclair* de Montpellier, le *Messager du Midi*, *L'Osservatore Romano*, le *Slovo*, de Varsovie, la plupart des journaux anglais, italiens, allemands, suisses, espagnols, publient également sur M. Le Play des articles semblables à ceux dont on vient de lire des extraits.

Parmi tous ces éloges, une pensée semble se dégager, c'est de voir l'*École de la paix sociale* survivre à son fondateur. Nous n'hésitons pas à le dire : l'avenir de l'École est assuré ; groupée autour de son organe, la revue bi-mensuelle *la Réforme sociale*, elle grandira, elle réunira peu à peu tous les hommes désabusés par tant d'essais infructueux et désireux d'asseoir sur des bases inébranlables l'avenir de notre société.

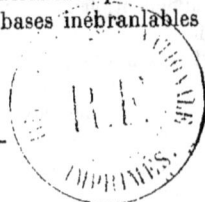

Paris. — JULES LE CLERE, imprimeur, rue Cassette, 7.

SOCIÉTÉ INTERNATIONALE D'ÉCONOMIE SOCIALE

La Société, fondée par Le Play, s'est constituée le 27 novembre 1856, pour remplir le vœu exprimé par l'Académie des sciences, en couronnant l'ouvrage intitulé les *Ouvriers européens*. Elle applique à l'étude comparée de diverses constitutions sociales la méthode d'observation, dite des monographies des familles. Elle reproduit les monographies les plus remarquables dans le recueil intitulé les *Ouvriers des deux Mondes*, et publie le compte rendu *in extenso* de ses huit séances annuelles dans la *Réforme sociale* qui est adressée à tous les Membres.

La *Société d'économie sociale* se compose de *Membres honoraires* versant une cotisation de 100 fr. par an, au minimum, et de *Membres titulaires* payant 20 fr.

LES UNIONS DE LA PAIX SOCIALE

Les *Unions* ont pour but de propager et de mettre en pratique les doctrines de l'*Ecole de la Réforme sociale*. Elles sont réparties par petits groupes en France et à l'étranger. Leur action s'exerce par l'intermédiaire de CORRESPONDANTS locaux.

Le titre de CORRESPONDANT est accordé aux membres qui veulent bien entrer en rapport avec le Secrétaire général des *Unions* et prendre l'initiative de la formation d'un groupe dans leur voisinage (1).

Les membres sont invités à transmettre au comité de rédaction de la *Revue* les faits sociaux qu'ils ont pu observer autour d'eux, ou les renseignements qui sont parvenus à leur connaissance. Ces communications sont, suivant leur importance, mentionnées ou reproduites dans la *Réforme sociale*. Le comité de rédaction, par l'organe de la *Revue*, ou par l'intermédiaire des CORRESPONDANTS de chaque groupe, fait connaître aux divers membres les applications qui ont été tentées et les résultats qui ont été obtenus, au point de vue social, soit en France, soit à l'étranger; il provoque des tentatives analogues.

Les *Unions* se composent de membres *associés* et de membres *titulaires*. Les membres *associés* versent une cotisation annuelle de 12 fr. (14 fr. pour l'étranger), qui leur donne droit à recevoir la revue bi-mensuelle, *la Réforme sociale*. Les *membres titulaires* concourent plus intimement aux travaux qui servent de base à la doctrine des *Unions*; ils paient, outre la cotisation annuelle pour la *Revue*, un droit d'entrée de dix francs au moment de leur admission et reçoivent, en retour, pour une *valeur égale* d'ouvrages choisis dans la *Bibliothèque de la paix sociale* et livrés au prix de revient.

Pour être admis dans les *Unions de la paix sociale*, il faut être présenté par un membre, ou adresser directement une demande d'admission au Secrétaire général, 35, rue de Grenelle, à Paris (2). Les noms des membres nouvellement admis sont publiés dans la *Réforme sociale*.

(1) Ceux de nos confrères qui voudraient bien donner à notre œuvre commune leur concours comme correspondant sont priés d'en aviser le Secrétaire général, en indiquant exactement le nom de leur localité urbaine ou rurale. On leur communiquera immédiatement la liste des membres des *Unions* et des abonnés de la *Revue* qui se trouvent dans leur localité, ou dans leur voisinage. La *Revue* enregistre la formation des groupes avec le nom des correspondants.

(2) Les personnes qui sont déjà abonnées à la *Revue* peuvent donc être admises dans les *Unions* comme membres *associés*, par le seul fait d'une présentation ou d'une demande et sans avoir à payer de cotisation supplémentaire.

ÉCOLE DE LA PAIX SOCIALE

Ire Section. **Œuvres de M. F. Le Play**, éditées à Tours par MM. A. Mame et fils [1].

*Les Ouvriers européens. 6 vol. in-8 . . . .   39 fr.
La Réforme sociale en France. 4 vol. in-18 . . . .   8 fr.
L'Organisation du travail. 1 vol. in-18 . . . .   2 fr.
L'Organisation de la famille. 1 vol. in-18 . . . .   2 fr.
La Paix sociale après les désastres de 1871. 1 broch. in-18 . . 0 fr. 60
La Correspondance sociale. 9 broch. in-18 . . . .   2 fr.
La Constitution de l'Angleterre. 2 vol. in-18 . . . .   4 fr.
La Réforme en Europe et le salut en France. 1 vol in-18 . .   1 fr.
La Constitution essentielle de l'humanité. 1 vol. in-18 . . . . .   2 fr.
La Question sociale au XIXe siècle. 1 broch. in-18 . . . . . . 0 fr. 30
L'Ecole de la paix sociale. 1 broch. in-18 . . . . 0 fr. 20

IIe Section. Ouvrages édités à Paris par la Société d'Economie sociale [2].

*Les Ouvriers des Deux Mondes. 4 vol. in-18 . . . . 24 fr.
*Bulletin des séances de la Société d'Economie sociale. 7 vol. in-8 32 fr. 30
*Annuaires des Unions et de l'Economie sociale. 5 vol. . . . . 15 fr.
Exposition de 1867. Rapport sur les ateliers qui conservent le
    mieux la paix sociale. 1 vol. in-8 . . . .   3 fr.

    1. Pour les ouvrages de la 1re Section, grâce au désintéressement absolu de MM. Mame, les prix de vente sont rigoureusement égaux aux prix de revient.
    2. Pour les ouvrages de la 2e Section, la Société d'Economie sociale a dû recourir à divers éditeurs, et les prix de vente sont fixés d'après ses déboursés réels.
    *Les divers volumes de ces ouvrages se vendent séparément.

BIBLIOTHÈQUE ANNEXÉE

Programme de Gouvernement et d'organisation sociale, par un groupe d'économistes, avec une préface de M. F. Le Play. 1 vol. in-12 . . . . . . 2 fr.
Ch. de Ribbe. Les Familles et la Société en France avant la Révolution, d'après des documents originaux: 4e édit., 2 vol. in-12 . . . 4 fr. — La Vie domestique, ses modèles et ses règles. 2 vol. in-12 . . . 6 fr. — Une Famille au XVIe siècle 1 vol. in-12 . . 2 fr. — Le Livre de Famille. 1 vol. in-12 . . 2 fr.
Claudio Jannet. Les Etats-Unis contemporains, avec une lettre de M. F. Le Play: 3e édit., 2 vol. in-12 . . . . 6 fr.
Edmond Demolins. Histoire de France depuis les premiers temps jusqu'à nos jours, d'après les sources et les travaux récents. 4 beaux vol. in-12; chaque vol. 3 fr. 50 — Le même ouvrage, édit. populaire abrégée. 6 broch. in-32; chaque broch. 0 fr. 50 — Le mouvement communal et municipal au moyen âge. 1 vol. in-12 (épuisé, ne se trouve plus que d'occasion) . . . . 3 fr.
Joseph Ferrand. Les Institutions administratives en France et à l'étranger. 1 vol. in-8 . . . . 6 fr.
A. de Moreau d'Andoy. Le Testament selon la pratique des familles stables et prospères. 1 vol. in-18 . . . . 3 fr.

Paris. — Jules LE CLÈRE, imprimeur, rue Cassette, 7

www.ingramcontent.com/pod-product-compliance
Lightning Source LLC
Chambersburg PA
CBHW060753280326
41934CB00010B/2464